화엄경 제68권(입법계품 39-9) 해설

제 68권에는 무염족왕의 무착행이 나온다.

그때 선재동자가 선지식의 가르침을 생각하며 다라당성을 찾아가니 나라연 금강좌에 십만대중과 천만명졸을 거느리고 온갖 형구를 나열 10악 중생을 다스리는데 참아 눈뜨고 볼 수 없었다. 막 돌아서려 하는데 하늘에서 소리가 났다.

"보살의 선교방편지는 불가사의며 불가사의다."

하여 들어갔더니 무염족왕이 친히 맞아 넓고 큰 궁전을 구경시켜주는데 말로서 다 할 수 없었다. 무염족왕이 말했다.

"나는 인과를 사실대로 보여서 그 몸과 권속과 사회로 하여금 자유를 얻게 하노라. 백성들로 하여금 죄 지은자를 보게하여 다시는 그런 죄가 이 세상에 나타나지 않게 한다. 실로 나는 남을 해치거나 괴롭게 하지 않는다."

실로 그는 파리 하나, 모기 하나 죽이는 성품이 아니었다. 그러나 그는 그 같은 허황한 세계를 만들어 그를 보는 사람으로 하여금 혐오심을 일으켜 다시는 악을 짓지 않게 하고 있었다.

실로 그 나라에는 죄인이 없었으며 도적도 없고 술주정뱅이 하나 볼 수 없었다. 그래도 그는 "나는 일체 평등삼매에 들어가는 삼매를 얻었을 뿐 어찌 보살의 모든 공덕을 갖출 수 있겠느냐" 하며 "묘광성 대광왕을 찾아 보라" 하여 선재동자는 다시 南行을 계속하였다.

入法界品 第三十九之九

爾時善財童子大智光明

照啓其心思惟觀察見諸法

性得了知一切言音陀羅尼

門得受持一切法輪陀羅尼

門得與一切衆生作所歸依

大悲力得觀察一切法義理

사경의 공덕은 십만억 부처님께 공양한 것과 같은 공덕이 있습니다.

光(광)明(명)門(문)得(득)充(충)滿(만)法(법)界(계)淸(청)淨(정)願(원)
得(득)普(보)照(조)十(십)方(방)一(일)切(체)法(법)智(지)光(광)明(명)
得(득)徧(변)莊(장)嚴(엄)一(일)切(체)世(세)界(계)自(자)在(재)力(력)
得(득)普(보)發(발)起(기)一(일)切(체)菩(보)薩(살)業(업)圓(원)滿(만)
願(원)漸(점)次(차)遊(유)行(행)至(지)險(험)難(난)國(국)寶(보)莊(장)
嚴(엄)城(성)處(처)處(처)尋(심)覓(멱)波(파)須(수)蜜(밀)多(다)女(녀)
城(성)中(중)有(유)人(인)不(부)知(지)此(차)女(녀)功(공)德(덕)智(지)

慧作如是念今此童子諸根
혜작여시념금차동자제근

寂靜智慧明了不迷不亂諦
적정지혜명료불미불란제

視一尋無有疲懈無所取着
시일심무유피해무소취착

目視不瞬心無所動甚深寬
목시불순심무소동심심관

廣猶如大海不應於此波須
광유여대해불응어차바수

蜜女有貪愛心有顚倒心生
밀녀유탐애심유전도심생

於淨想生於欲想不應爲此
어정상생어욕상불응위차

能 능	言 언	先 선	何 하	魔 마	行 행	女 여
推 추	善 선	知 지	等 등	縛 박	不 불	色 색
求 구	哉 재	此 차	意 의	不 불	入 입	所 소
尋 심	善 선	女 녀	而 이	應 응	魔 마	攝 섭
覓 멱	哉 재	有 유	求 구	作 작	境 경	此 차
波 바	善 선	智 지	此 차	處 처	不 불	童 동
須 수	男 남	慧 혜	女 녀	已 이	沒 몰	子 자
蜜 밀	子 자	者 자	其 기	能 능	欲 욕	者 자
女 녀	汝 여	告 고	中 중	不 부	泥 니	不 불
汝 여	今 금	善 선	有 유	作 작	不 불	行 행
已 이	乃 내	財 재	人 인	有 유	被 피	魔 마

사경의 공덕은 십만억 부처님께 공양한 것과 같은 공덕이 있습니다.

獲得廣大善利善男子汝應
획득광대선리선남자여응

決定求佛果位決定欲爲一
결정구불과위결정욕위일

切衆生作所依怙決定欲拔
체중생작소의호결정욕발

一切衆生貪愛毒箭決定欲
일체중생탐애독전결정욕

破一切衆生於女色中所有
파일체중생어여색중소유

淨想善男子波須蜜女於此
정상선남자바수밀녀어차

城內市廛之北自宅中住時
성내시전지북자택중주시

頭 두	華 화	香 향	一 일	嚴 엄	躍 약	善 선
華 화	優 우	水 수	皆 개	麗 려	往 왕	財 재
芬 분	鉢 발	盈 영	有 유	寶 보	詣 예	童 동
陀 다	羅 라	滿 만	十 십	牆 장	其 기	子 자
利 리	華 화	金 금	重 중	寶 보	門 문	聞 문
華 화	波 파	沙 사	圍 위	樹 수	見 견	是 시
偏 변	頭 두	布 포	遶 요	及 급	其 기	語 어
覆 부	摩 마	地 지	其 기	以 이	住 주	已 이
水 수	華 화	諸 제	寶 보	寶 보	宅 택	歡 환
上 상	拘 구	天 천	塹 참	塹 참	廣 광	喜 희
宮 궁	物 물	寶 보	中 중	一 일	博 박	踊 용

麗 려	散 산	以 이	爲 위	幢 당	相 상	殿 전
不 불	諸 제	栴 전	地 지	無 무	望 망	樓 누
可 가	天 천	檀 단	衆 중	量 량	間 간	閣 각
稱 칭	華 화	顯 현	寶 보	珍 진	列 열	處 처
說 설	遍 변	衆 중	間 간	奇 기	咸 함	處 처
諸 제	布 포	寶 보	錯 착	以 이	施 시	分 분
珍 진	其 기	鈴 령	燒 소	爲 위	網 망	布 포
寶 보	地 지	風 풍	諸 제	嚴 엄	鐸 탁	門 문
藏 장	種 종	動 동	沈 침	飾 식	悉 실	闥 달
其 기	種 종	成 성	水 수	瑠 유	置 치	窓 창
數 수	嚴 엄	音 음	塗 도	璃 리	幡 번	牖 유

悉 실	諸 제	人 인	青 청	色 색	時 시	百 백
皆 개	梵 범	天 천	不 부	相 상	善 선	千 천
具 구	世 세	無 무	長 장	圓 원	財 재	十 십
足 족	一 일	能 능	不 부	滿 만	見 견	大 대
無 무	切 체	與 여	短 단	皮 피	此 차	園 원
不 불	衆 중	比 비	不 불	膚 부	女 여	林 림
解 해	生 생	音 음	麁 추	金 금	人 인	以 이
了 료	差 차	聲 성	不 불	色 색	顏 안	爲 위
深 심	別 별	美 미	細 세	目 목	貌 모	莊 장
達 달	言 언	妙 묘	欲 욕	髮 발	端 단	嚴 엄
字 자	音 음	超 초	界 계	紺 감	嚴 엄	爾 이

義善巧談說得如幻智入方
의선교담설득여환지입방

便門衆寶瓔珞及諸嚴具莊
편문중보영락급제엄구장

嚴其身如意摩尼以爲寶冠
엄기신여의마니이위보관

而冠其首復有無量眷屬圍
이관기수부유무량권속위

遶皆共善根同一行願福德
요개공선근동일행원복덕

大藏具足無盡時波須蜜多
대장구족무진시바수밀다

女從其身出廣大光明普照
녀종기신출광대광명보조

宅(택)中(중)一(일)切(체)宮(궁)殿(전)遇(우)斯(사)光(광)者(자)身(신)
得(득)清(청)涼(량)
爾(이)時(시)善(선)財(재)前(전)詣(예)其(기)所(소)頂(정)禮(례)
其(기)足(족)合(합)掌(장)住(주)白(백)言(언)聖(성)者(자)我(아)
已(이)先(선)發(발)阿(아)耨(녹)多(다)羅(라)三(삼)藐(먁)三(삼)菩(보)
提(리)心(심)而(이)未(미)知(지)菩(보)薩(살)云(운)何(하)學(학)菩(보)
薩(살)行(행)云(운)何(하)修(수)菩(보)薩(살)道(도)我(아)聞(문)聖(성)

者善能教誨願爲我說彼卽
자선능교회원위아설피즉

告言善男子我得菩薩解脫
고언선남자아득보살해탈

名離貪欲際隨其欲樂而爲
명이탐욕제수기욕락이위

現身若天見我我爲天女形
현신약천견아아위천녀형

貌光明殊勝無比如是乃至
모광명수승무비여시내지

人非人等而見我者我卽爲
인비인등이견아자아즉위

現人非人女隨其欲樂皆令
현인비인여수기욕락개령

得 득	有 유	離 이	三 삼	則 즉	詣 예	得 득
菩 보	衆 중	貪 탐	昧 매	離 이	我 아	見 견
薩 살	生 생	欲 욕	若 약	貪 탐	所 소	若 약
無 무	暫 잠	得 득	有 유	欲 욕	我 아	有 유
礙 애	與 여	菩 보	衆 중	得 득	爲 위	衆 중
音 음	我 아	薩 살	生 생	菩 보	說 설	生 생
聲 성	語 어	歡 환	暫 잠	薩 살	法 법	欲 욕
三 삼	則 즉	喜 희	見 견	無 무	彼 피	意 의
昧 매	離 이	三 삼	於 어	着 착	聞 문	所 소
若 약	貪 탐	昧 매	我 아	境 경	法 법	纏 전
有 유	欲 욕	若 약	則 즉	界 계	已 이	來 내

사경의 공덕은 십만억 부처님께 공양한 것과 같은 공덕이 있습니다.

生 생	菩 보	衆 중	得 득	有 유	菩 보	衆 중
見 견	薩 살	生 생	菩 보	衆 중	薩 살	生 생
我 아	寂 적	暫 잠	薩 살	生 생	徧 변	暫 잠
頻 빈	靜 정	觀 관	解 해	暫 잠	往 왕	執 집
申 신	莊 장	於 어	脫 탈	昇 승	一 일	我 아
則 즉	嚴 엄	我 아	光 광	我 아	切 체	手 수
離 이	三 삼	則 즉	明 명	座 좌	佛 불	則 즉
貪 탐	昧 매	離 이	三 삼	則 즉	刹 찰	離 이
欲 욕	若 약	貪 탐	昧 매	離 이	三 삼	貪 탐
得 득	有 유	欲 욕	若 약	貪 탐	昧 매	欲 욕
菩 보	衆 중	得 득	有 유	欲 욕	若 약	得 득

欲 욕	若 약	攝 섭	抱 포	佛 불	見 견	薩 살
得 득	有 유	一 일	持 지	境 경	我 아	摧 최
菩 보	眾 중	切 체	於 어	界 계	目 목	伏 복
薩 살	生 생	眾 중	我 아	光 광	瞬 순	外 외
增 증	唼 삽	生 생	則 즉	明 명	則 즉	道 도
長 장	我 아	恒 항	離 이	三 삼	離 이	三 삼
一 일	脣 순	不 불	貪 탐	昧 매	貪 탐	昧 매
切 체	吻 문	捨 사	欲 욕	若 약	欲 욕	若 약
眾 중	則 즉	離 이	得 득	有 유	得 득	有 유
生 생	離 이	三 삼	菩 보	眾 중	菩 보	眾 중
福 복	貪 탐	昧 매	薩 살	生 생	薩 살	生 생

德덕 藏장 三삼 昧매 凡범 有유 衆중 生생 親친 近근 於어

我아 一일 切체 皆개 得득 住주 離이 貪탐 際제 入입 菩보

薩살 一일 切체 智지 地지 現현 前전 無무 礙애 解해 脫탈

善선 財재 白백 言언 聖성 者자 種종 何하 善선 根근 修수

何하 福복 業업 而이 得득 成성 就취 如여 是시 自자 在재

答답 言언 善선 男남 子자 我아 念념 過과 去거 有유 佛불

出출 世세 名명 爲위 高고 行행 其기 王왕 都도 城성 名명

사경의 공덕은 십만억 부처님께 공양한 것과 같은 공덕이 있습니다.

天 천	諸 제	相 상	廣 광	閥 벌	哀 애	曰 왈
充 충	天 천	映 영	博 박	其 기	愍 민	妙 묘
滿 만	音 음	徹 철	衆 중	城 성	衆 중	門 문
虛 허	樂 악	種 종	寶 보	一 일	生 생	善 선
空 공	同 동	種 종	莊 장	切 체	入 입	男 남
善 선	時 시	寶 보	嚴 엄	悉 실	於 어	子 자
男 남	俱 구	華 화	無 무	皆 개	王 왕	彼 피
子 자	奏 주	散 산	量 량	震 진	城 성	高 고
我 아	一 일	布 포	光 광	動 동	蹈 도	行 행
於 어	切 체	其 기	明 명	忽 홀	彼 피	如 여
彼 피	諸 제	地 지	遮 체	然 연	門 문	來 래

時爲長者妻名曰善慧見佛 (시위장자처명왈선혜견불)
神力心生覺悟則與其夫往 (신력심생각오즉여기부왕)
詣佛所以一寶錢而爲供養 (예불소이일보전이위공양)
是時文殊師利童子爲佛侍 (시시문수사리동자위불시)
者爲我說法令發阿耨多羅 (자위아설법령발아녹다라)
三藐三菩提心善男子我唯 (삼약삼보리심선남자아유)
知此菩薩離貪際解脫如諸 (지차보살이탐제해탈여제)

問 문	常 상	度 도	善 선	我 아	便 편	菩 보
菩 보	供 공	中 중	男 남	云 운	智 지	薩 살
薩 살	養 양	有 유	子 자	何 하	其 기	摩 마
云 운	栴 전	居 거	於 어	能 능	藏 장	訶 하
何 하	檀 단	士 사	此 차	知 지	廣 광	薩 살
學 학	座 좌	名 명	南 남	能 능	大 대	成 성
菩 보	佛 불	鞞 비	方 방	說 설	境 경	就 취
薩 살	塔 탑	瑟 슬	有 유	彼 피	界 계	無 무
行 행	汝 여	胝 지	城 성	功 공	無 무	邊 변
修 수	詣 예	羅 라	名 명	德 덕	比 비	巧 교
菩 보	彼 피	彼 피	善 선	行 행	而 이	方 방

薩道時善財童子頂禮其足
살도시선재동자정례기족

遶無量匝殷勤瞻仰辭退而
요무량잡은근첨앙사퇴이

去
거

爾時善財童子漸次遊行
이시선재동자점차유행

至善度城詣居士宅頂禮其
지선도성예거사택정례기

足合掌而立白言聖者我已
족합장이립백언성자아이

先發阿耨多羅三藐三菩提
선발아누다라삼모삼보제

心而未知菩薩云何學菩薩 (심이미지보살운하학보살)
行云何修菩薩道我聞聖者 (행운하수보살도아문성자)
善能誘誨願爲我說居士告 (선능유회원위아설거사고)
言善男子我得菩薩解脫名 (언선남자아득보살해탈명)
不般涅槃際善男子我不生 (불반열반제선남자아불생)
心言如是如來已般涅槃如 (심언여시여래이반열반여)
是如來現般涅槃如是如來 (시여래현반열반여시여래)

三 삼	無 무	如 여	示 시	槃 반	界 계	當 당
昧 매	盡 진	來 래	現 현	者 자	諸 제	般 반
念 념	善 선	塔 탑	耳 이	唯 유	佛 불	涅 열
念 념	男 남	門 문	善 선	除 제	如 여	槃 반
得 득	子 자	時 시	男 남	爲 위	來 래	我 아
知 지	我 아	得 득	子 자	欲 욕	畢 필	知 지
一 일	念 념	三 삼	我 아	調 조	竟 경	十 시
切 체	念 념	昧 매	開 개	伏 복	無 무	方 방
無 무	中 중	名 명	栴 전	衆 중	有 유	一 일
量 량	入 입	佛 불	檀 단	生 생	般 반	切 체
殊 수	此 차	種 종	座 좌	而 이	涅 열	世 세

사경의 공덕은 십만억 부처님께 공양한 것과 같은 공덕이 있습니다.

勝之事善財白言此三昧者
승지사선재백언차삼매자

境界云何居士答言善男子
경계운하거사답언선남자

我入此三昧隨其次第見此
아입차삼매수기차제견차

世界一切諸佛所謂迦葉佛
세계일체제불소위가섭불

拘那含牟尼佛拘留孫佛尸
구나함모니불구류손불시

棄佛毘婆尸佛提舍佛弗沙
기불비파시불제사불불사

佛無上勝佛無上蓮華佛如
불무상승불무상연화불여

亦 역	塵 진	乃 내	佛 불	佛 불	見 견	是 시
見 견	數 수	至 지	阿 아	得 득	百 백	等 등
彼 피	佛 불	不 불	庾 유	見 견	佛 불	而 이
佛 불	如 여	可 가	多 다	億 억	得 득	爲 위
初 초	是 시	說 설	億 억	佛 불	見 견	上 상
始 시	一 일	不 불	佛 불	千 천	千 천	首 수
發 발	切 체	可 가	那 나	億 억	佛 불	於 어
心 심	次 차	說 설	由 유	佛 불	得 득	一 일
種 종	第 제	世 세	他 타	百 백	見 견	念 념
諸 제	皆 개	界 계	億 억	千 천	百 백	頃 경
善 선	見 견	微 미	佛 불	億 억	千 천	得 득

能 능	差 차	明 명	國 국	清 청	妙 묘	根 근
觀 관	別 별	轉 전	土 토	淨 정	行 행	獲 획
察 찰	我 아	妙 묘	清 청	忍 인	具 구	勝 승
分 분	悉 실	法 법	淨 정	摧 최	波 바	神 신
別 별	能 능	輪 륜	眾 중	伏 복	羅 라	通 통
顯 현	知 지	神 신	會 회	魔 마	蜜 밀	成 성
示 시	我 아	通 통	圍 위	軍 군	入 입	就 취
未 미	悉 실	變 변	遶 요	成 성	菩 보	大 대
來 래	能 능	現 현	放 방	正 정	薩 살	願 원
彌 미	憶 억	種 종	大 대	等 등	地 지	修 수
勒 륵	悉 실	種 종	光 광	覺 각	得 득	行 행

사경의 공덕은 십만억 부처님께 공양한 것과 같은 공덕이 있습니다.

佛等一切諸佛現在毘盧遮
불등일체제불현재비로자

那佛等一切諸佛悉亦如是
나불등일체제불실역여시

如此世界十方世界所有三
여차세계시방세계소유삼

世一切諸佛聲聞獨覺諸菩
세일체제불성문독각제보

薩衆悉亦如是善男子我唯
살중실역여시선남자아유

得此菩薩所得不般涅槃際
득차보살소득불반열반제

解脫如諸菩薩摩訶薩以一
해탈여제보살마하살이일

念智普知三世一念徧入一
념지보지삼세일념변입일

切三昧如來智日恒照其心
체삼매여래지일항조기심

於一切法無有分別了一切
어일체법무유분별요일체

佛悉皆平等如來及我一切
불실개평등여래급아일체

衆生等無有二知一切法自
중생등무유이지일체법자

性清淨無有思慮無有動轉
성청정무유사려무유동전

而能普入一切世間離諸分
이능보입일체세간이제분

別住佛法印悉能皆悟法界
별주불법인실능개오법계

衆生而我云何能知能說彼
중생이아운하능지능설피

功德行善男子於此南方有
공덕행선남자어차남방유

山名補怛洛伽彼有菩薩名
산명보달락가피유보살명

觀自在汝詣彼問菩薩云何
관자재여예피문보살운하

學菩薩行修菩薩道卽說頌
학보살행수보살도즉설송

言
언

사경의 공덕은 십만억 부처님께 공양한 것과 같은 공덕이 있습니다.

海上有山多聖賢
해상유산다성현

衆寶所成極淸淨
중보소성극청정

華果樹林皆徧滿
화과수림개변만

泉流池沼悉具足
천류지소실구족

勇猛丈夫觀自在
용맹장부관자재

爲利衆生住此山
위리중생주차산

汝應往問諸功德
여응왕문제공덕

사경의 공덕은 십만억 부처님께 공양한 것과 같은 공덕이 있습니다.

彼(피)當(당)示(시)汝(여)大(대)方(방)便(편)

時(시)善(선)財(재)童(동)子(자)頂(정)禮(례)其(기)足(족)遶(요)

無(무)量(량)匝(잡)已(이)殷(은)勤(근)瞻(첨)仰(앙)辭(사)退(퇴)而(이)

去(거)

爾(이)時(시)善(선)財(재)童(동)子(자)一(일)心(심)思(사)惟(유)

彼(피)居(거)士(사)教(교)入(입)彼(피)菩(보)薩(살)解(해)脫(탈)之(지)

藏(장)得(득)彼(피)菩(보)薩(살)能(능)隨(수)念(념)力(력)憶(억)彼(피)

諸(제)佛(불)出(출)現(현)次(차)第(제)念(념)彼(피)諸(제)佛(불)相(상)
續(속)次(차)第(제)持(지)彼(피)諸(제)佛(불)名(명)號(호)次(차)第(제)
觀(관)彼(피)諸(제)佛(불)所(소)說(설)妙(묘)法(법)知(지)彼(피)諸(제)
佛(불)具(구)足(족)莊(장)嚴(엄)見(견)彼(피)諸(제)佛(불)成(성)正(정)
等(등)覺(각)了(요)彼(피)諸(제)佛(불)不(부)思(사)議(의)業(업)漸(점)
次(차)遊(유)行(행)至(지)於(어)彼(피)山(산)處(처)處(처)求(구)覓(멱)
此(차)大(대)菩(보)薩(살)見(견)其(기)西(서)面(면)巖(암)谷(곡)之(지)

踊 용	受 수	而 이	量 량	於 어	柔 유	中 중
躍 약	一 일	爲 위	菩 보	金 금	軟 연	泉 천
合 합	切 체	宣 선	薩 살	剛 강	右 우	流 류
掌 장	衆 중	說 설	皆 개	寶 보	旋 선	縈 영
諦 제	生 생	大 대	坐 좌	石 석	布 포	映 영
觀 관	善 선	慈 자	寶 보	上 상	地 지	樹 수
目 목	財 재	悲 비	石 석	結 결	觀 관	林 림
不 불	見 견	法 법	恭 공	跏 가	自 자	蓊 옹
暫 잠	已 이	令 령	敬 경	趺 부	在 재	鬱 울
瞬 순	歡 환	其 기	圍 위	坐 좌	菩 보	香 향
作 작	喜 희	攝 섭	遶 요	無 무	薩 살	草 초

如是念善知識者則是如來
여시념선지식자즉시여래

善知識者一切法雲善知識
선지식자일체법운선지식

者諸功德藏善知識者難可
자제공덕장선지식자난가

值遇善知識十力寶因善
치우선지식십력보인선

知識者無盡智炬善知識者
지식자무진지거선지식자

福德根芽善知識一切智
복덕근아선지식일체지

門善知識智海導師善知
문선지식지해도사선지

識者至一切智助道之具便
식자지일체지조도지구편

卽往詣大菩薩所
즉왕예대보살소

爾時觀自在菩薩遙見善
이시관자재보살요견선

財告言善來汝發大乘意普
재고언선래여발대승의보

攝衆生起正直心專求佛法
섭중생기정직심전구불법

大悲深重救護一切普賢妙
대비심중구호일체보현묘

行相續現前大願深心圓滿
행상속현전대원심심원만

淸淨勤求佛法悉能領受積
청정근구불법실능령수적

集善根恒無厭足順善知識
집선근항무염족순선지식

不違其敎從文殊師利功德
불위기교종문수사리공덕

智慧大海所生其心成熟得
지혜대해소생기심성숙득

佛勢力已獲廣大三昧光明
불세력이획광대삼매광명

專意希求甚深妙法常見諸
전의희구심심묘법상견제

佛生大歡喜智慧淸淨猶如
불생대환희지혜청정유여

虛(허)空(공)既(기)自(자)明(명)了(료)復(부)爲(위)他(타)說(설)安(안)

住(주)如(여)來(래)智(지)慧(혜)光(광)明(명)

爾(이)時(시)善(선)財(재)童(동)子(자)頂(정)禮(례)觀(관)自(자)

在(재)菩(보)薩(살)足(족)遶(요)無(무)數(수)匝(잡)合(합)掌(장)而(이)

住(주)白(백)言(언)聖(성)者(자)我(아)已(이)先(선)發(발)阿(아)耨(녹)

多(다)羅(라)三(삼)藐(약)三(삼)菩(보)提(리)心(심)而(이)未(미)知(지)

菩(보)薩(살)云(운)何(하)學(학)菩(보)薩(살)行(행)云(운)何(하)修(수)

菩薩道我聞聖者善能教誨
보살도아문성자선능교회

願爲我說菩薩告言善哉善
원위아설보살고언선재선

哉善男子汝已能發阿耨多
재선남자여이능발아뇩다

羅三藐三菩提心善男子我
라삼먁삼보리심선남자아

已成就菩薩大悲行解脫門
이성취보살대비행해탈문

善男子我以此菩薩大悲行
선남자아이차보살대비행

門平等教化一切衆生相續
문평등교화일체중생상속

不斷善男子我住此大悲行
부단선남자아주차대비행

門常在一切諸如來所普現
문상재일체제여래소보현

一切衆生之前或以布施攝
일체중생지전혹이보시섭

取衆生或以愛語或以利行
취중생혹이애어혹이이행

或攝以同事攝取衆生或現色
섭이동사섭취중생혹현색

身攝取衆生或現種種不思
신섭취중생혹현종종부사

議色淨光明網攝取衆生或
의색정광명망섭취중생혹

以音聲或以威儀或爲說法
이음성혹이위의혹위설법

或現神變令其心悟而得成
혹현신변령기심오이득성

熟或爲化現同類之形與其
숙혹위화현동류지형여기

共居而成熟之善男子我修
공거이성숙지선남자아수

行此大悲行門願常救護一
행차대비행문원상구호일

切衆生願一切衆生離險道
체중생원일체중생이험도

怖離熱惱怖離迷惑怖離繫
포이열뇌포이미혹포이계

縛박 怖포 離이 殺살 害해 怖포 離이 貧빈 窮궁 怖포 離이

不불 活활 怖포 離이 惡악 名명 怖포 離이 於어 死사 怖포

離이 大대 衆중 怖포 離이 惡악 趣취 怖포 離이 黑흑 闇암

怖포 離이 遷천 移이 怖포 離이 愛애 別별 怖포 離이 怨원

會회 怖포 離이 逼핍 迫박 身신 怖포 離이 逼핍 迫박 心심

怖포 離이 憂우 悲비 怖포 復부 作작 是시 願원 願원 諸제

衆중 生생 若약 念념 於어 我아 若약 稱칭 我아 名명 若약

淨 정	悲 비	轉 전	多 다	生 생	善 선	見 견
普 보	行 행	善 선	羅 라	離 이	男 남	我 아
賢 현	門 문	男 남	三 삼	怖 포	子 자	身 신
一 일	如 여	子 자	藐 먁	畏 외	我 아	皆 개
切 체	諸 제	我 아	三 삼	已 이	已 이	得 득
願 원	菩 보	唯 유	菩 보	復 부	此 차	免 면
已 이	薩 살	得 득	提 리	教 교	方 방	離 이
住 주	摩 마	此 차	心 심	令 령	便 편	一 일
普 보	訶 하	菩 보	永 영	發 발	令 령	切 체
賢 현	薩 살	薩 살	不 불	阿 아	諸 제	怖 포
一 일	已 이	大 대	退 퇴	耨 뇩	衆 중	畏 외

切行常行一切諸善法常入
(체행상행일체제선법상입)

一切諸三昧常住一切無邊
(일체제삼매상주일체무변)

劫常知一切三世法常詣一
(겁상지일체삼세법상예일)

切無邊剎常息一切衆生惡
(체무변찰상식일체중생악)

常長一切衆生善常絕衆生
(상장일체중생선상절중생)

生死流而我云何能知能說
(생사류이아운하능지능설)

彼功德行
(피공덕행)

爾時東方有一菩薩名曰
이시동방유일보살명왈

正趣從空中來至娑婆世界
정취종공중래지사바세계

輪圍山頂以足按地其娑婆
륜위산정이족안지기사바

世界六種震動一切皆以衆
세계육종진동일체개이중

寶莊嚴正趣菩薩放身光明
보장엄정취보살방신광명

映蔽一切日月星電天龍八
영폐일체일월성전천룡팔

部釋梵護世所有光明皆如
부석범호세소유광명개여

趣(취) 墨(묵) 其(기) 光(광) 普(보) 照(조) 一(일) 切(체) 地(지) 獄(옥) 畜(축)

生(생) 餓(아) 鬼(귀) 閻(염) 羅(라) 王(왕) 處(처) 令(령) 諸(제) 惡(악) 趣(취)

衆(중) 苦(고) 皆(개) 滅(멸) 煩(번) 惱(뇌) 不(불) 起(기) 憂(우) 悲(비) 悉(실)

離(리) 又(우) 於(어) 一(일) 切(체) 諸(제) 佛(불) 國(국) 土(토) 普(보) 雨(우)

一(일) 切(체) 華(화) 香(향) 瓔(영) 珞(락) 衣(의) 服(복) 幢(당) 蓋(개) 如(여)

是(시) 所(소) 有(유) 諸(제) 莊(장) 嚴(엄) 具(구) 供(공) 養(양) 於(어) 佛(불)

復(부) 隨(수) 衆(중) 生(생) 心(심) 之(지) 所(소) 樂(락) 普(보) 於(어) 一(일)

切(체)諸(제)宮(궁)殿(전)中(중)而(이)現(현)其(기)身(신)令(령)其(기)
見(견)者(자)皆(개)悉(실)歡(환)喜(희)然(연)後(후)來(내)詣(예)觀(관)
自(자)在(재)所(소)時(시)觀(관)自(자)在(재)菩(보)薩(살)告(고)善(선)
財(재)言(언)善(선)男(남)子(자)汝(여)見(견)正(정)趣(취)菩(보)薩(살)
來(내)此(차)會(회)不(부)白(백)言(언)已(이)見(견)告(고)言(언)善(선)
男(남)子(자)汝(여)可(가)往(왕)問(문)菩(보)薩(살)云(운)何(하)學(학)
菩(보)薩(살)行(행)修(수)菩(보)薩(살)道(도)

爾時善財童子敬承其教
이시선재동자경승기교

遽卽往詣彼菩薩所頂禮其
거즉왕예피보살소정례기

足合掌而立白言聖者我已
족합장이립백언성자아이

先發阿耨多羅三藐三菩提
선발아녹다라삼먁삼보리

心而未知菩薩云何學菩薩
심이미지보살운하학보살

行云何修菩薩道我聞聖者
행운하수보살도아문성자

善能教誨願爲我說正趣菩
선능교회원위아설정취보

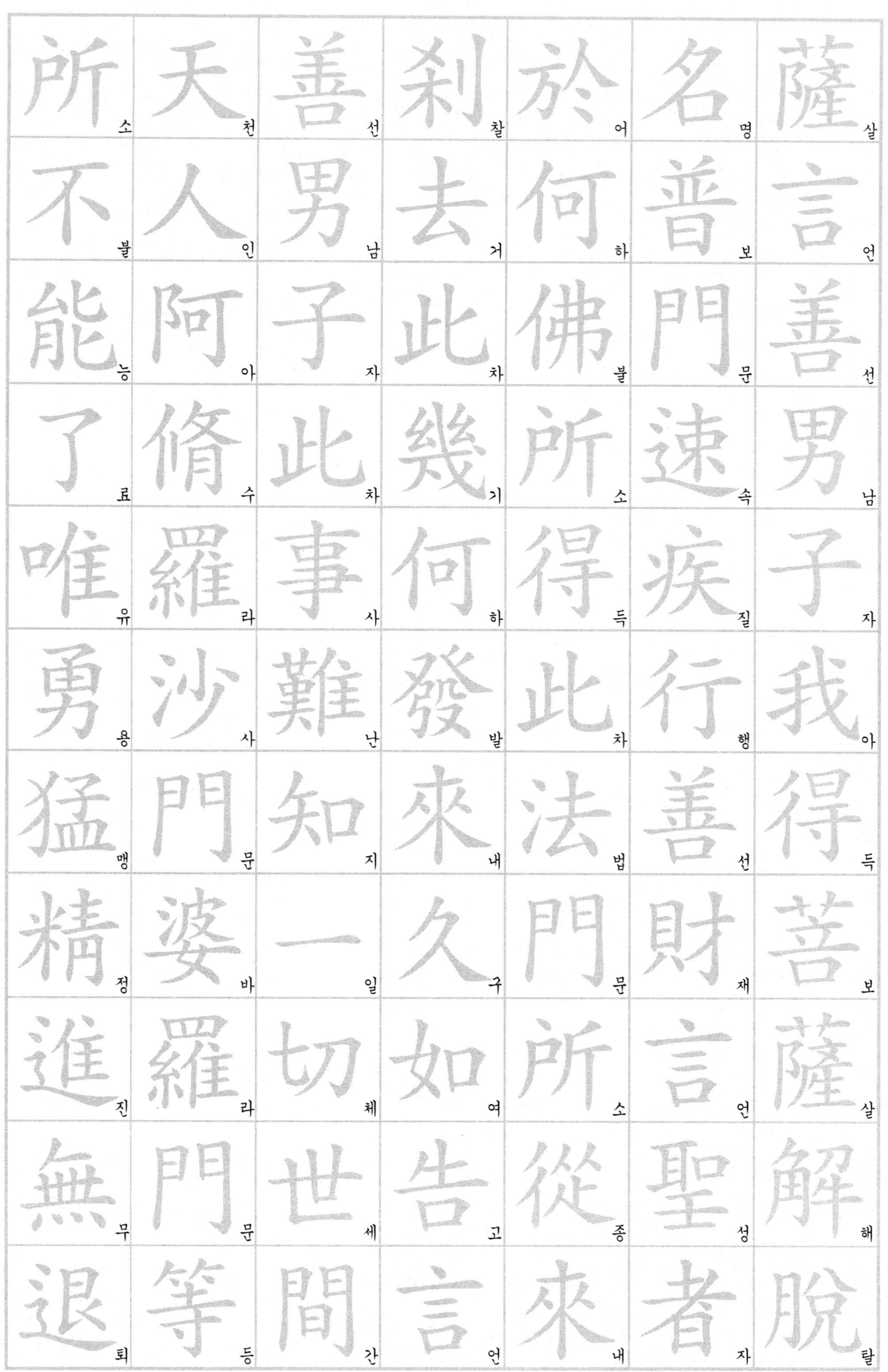
薩言善男子我得菩薩解脫
살언선남자아득보살해탈
名普門速疾行善財言聖者
명보문속질행선재언성자
於何佛所得此法門所從來
어하불소득차법문소종내
剎去此幾何發來久如告言
찰거차기하발내구여고언
善男子此事難知一切世間
선남자차사난지일체세간
天人阿脩羅沙門婆羅門等
천인아수라사문바라문등
所不能了唯勇猛精進無退
소불능료유용맹정진무퇴

無(무)怯(겁)諸(제)菩(보)薩(살)衆(중)已(이)爲(위)一(일)切(체)善(선)
友(우)所(소)攝(섭)諸(제)佛(불)所(소)念(념)善(선)根(근)具(구)足(족)
志(지)樂(락)清(청)淨(정)得(득)菩(보)薩(살)根(근)有(유)智(지)慧(혜)
眼(안)能(능)聞(문)能(능)持(지)能(능)解(해)能(능)說(설)善(선)財(재)
言(언)聖(성)者(자)我(아)承(승)佛(불)神(신)力(력)善(선)知(지)識(식)
力(력)能(능)信(신)能(능)受(수)願(원)爲(위)我(아)說(설)正(정)趣(취)
菩(보)薩(살)言(언)善(선)男(남)子(자)我(아)從(종)東(동)方(방)妙(묘)

藏世界普勝生佛所而來此
장세계보승생불소이래차

土於彼佛所得此法門從彼
토어피불소득차법문종피

發來已經不可說不可說佛
발래이경불가설불가설불

刹微塵數劫一一念中擧不
찰미진수겁일일념중거불

可說不可說佛刹微塵數步
가설불가설불찰미진수보

一一步過不可說不可說世
일일보과불가설불가설세

界微塵數佛刹一一佛刹我
계미진수불찰일일불찰아

사경의 공덕은 십만억 부처님께 공양한 것과 같은 공덕이 있습니다.

皆偏入至其佛所以妙供具
개변입지기불소이묘공구

而爲供養此諸供具皆是無
이위공양차제공구개시무

上心所成無作法所印諸如
상심소성무작법소인제여

來所忍諸菩薩所歎善男子
래소인제보살소탄선남자

我又普見彼世界中一切衆
아우보견피세계중일체중

生悉知其心悉知其根隨其
생실지기심실지기근수기

欲解現身說法或放光明或
욕해현신설법혹방광명혹

사경의 공덕은 십만억 부처님께 공양한 것과 같은 공덕이 있습니다.

施財寶種種方便教化調伏
시재보종종방편교화조복

無有休息如從東方南西北
무유휴식여종동방남서북

方思惟上下亦復如是善男
방사유상하역부여시선남

子我唯得此菩薩普疾行解
자아유득차보살보질행해

脫能疾周徧到一切處如諸
탈능질주변도일체처여제

菩薩摩訶薩普於十方無所
보살마하살보어시방무소

不至智慧境界等無差別善
부지지혜경계등무차별선

布포 其기 身신 悉실 徧변 法법 界계 至지 一일 切체 道도

入입 一일 切체 刹찰 知지 一일 切체 法법 到도 一일 切체

世세 平평 等등 演연 說설 一일 一일 切체 法법 門문 同동 時시

照조 耀요 一일 切체 衆중 生생 於어 諸제 佛불 所소 不불

生생 分분 別별 於어 一일 切체 處처 無무 有유 障장 礙애

而이 我아 云운 何하 能능 知지 能능 說설 彼피 功공 德덕

行행 善선 男남 子자 於어 此차 南남 方방 有유 城성 名명

墮羅鉢底其中有神名曰大
타라발저기중유신명왈대

天汝詣彼問菩薩云何學菩
천여예피문보살운하학보

薩行修菩薩道時善財童子
살행수보살도시선재동자

頂禮其足遶無數匝慇勤瞻
정례기족요무수잡은근첨

仰辭退而去
앙사퇴이거

爾時善財童子入菩薩廣
이시선재동자입보살광

大行求菩薩智慧境見菩薩
대행구보살지혜경견보살

神(신)通(통)事(사)念(념)菩(보)薩(살)勝(승)功(공)德(덕)生(생)菩(보)
薩(살)大(대)歡(환)喜(희)起(기)菩(보)薩(살)堅(견)精(정)進(진)入(입)
菩(보)薩(살)不(부)思(사)議(의)自(자)在(재)解(해)脫(탈)行(행)菩(보)
薩(살)功(공)德(덕)地(지)觀(관)菩(보)薩(살)三(삼)昧(매)地(지)住(주)
菩(보)薩(살)總(총)持(지)地(지)入(입)菩(보)薩(살)大(대)願(원)地(지)
得(득)菩(보)薩(살)辯(변)才(재)地(지)成(성)菩(보)薩(살)諸(제)力(력)
地(지)漸(점)次(차)遊(유)行(행)至(지)於(어)彼(피)城(성)推(추)問(문)

大天今在何所人咸告言在
대천금재하소인함고언재

此城內現廣大身爲衆說法
차성내현광대신위중설법

爾時善財至大天所頂禮
이시선재지대천소정례

其足於前合掌而作是言聖
기족어전합장이작시언성

者我已先發阿耨多羅三藐
자아이선발아녹다라삼먁

三菩提心而未知菩薩云何
삼보리심이미지보살운하

學菩薩行云何修菩薩道我
학보살행운하수보살도아

一 일	希 희	切 체	散 산	海 해	爾 이	聞 문
是 시	出 출	菩 보	善 선	水 수	時 시	聖 성
諸 제	世 세	薩 살	財 재	自 자	大 대	者 자
人 인	間 간	難 난	而 이	洗 세	天 천	善 선
中 중	於 어	可 가	告 고	其 기	長 장	能 능
芬 분	衆 중	得 득	之 지	面 면	舒 서	敎 교
陀 타	生 생	見 견	言 언	持 지	四 사	誨 회
利 리	中 중	難 난	善 선	諸 제	手 수	願 원
華 화	最 최	可 가	男 남	金 금	取 취	爲 위
爲 위	爲 위	得 득	子 자	華 화	四 사	我 아
衆 중	第 제	聞 문	一 일	以 이	大 대	說 설

無 무	薩 살	法 법	師 사	示 시	安 안	生 생
過 과	如 여	將 장	引 인	迷 미	隱 은	歸 귀
失 실	是 시	善 선	諸 제	惑 혹	處 처	爲 위
者 자	難 난	能 능	衆 중	者 자	爲 위	衆 중
然 연	可 가	守 수	生 생	安 안	諸 제	生 생
後 후	値 치	護 호	入 입	隱 은	世 세	救 구
乃 내	遇 우	一 일	佛 불	正 정	間 간	爲 위
得 득	唯 유	切 체	法 법	道 도	作 작	諸 제
見 견	身 신	智 지	門 문	爲 위	大 대	世 세
其 기	語 어	城 성	爲 위	大 대	光 광	間 간
形 형	意 의	菩 보	大 대	導 도	明 명	作 작

사경의 공덕은 십만억 부처님께 공양한 것과 같은 공덕이 있습니다.

像(상)聞(문)其(기)辯(변)才(재)於(어)一(일)切(체)時(시)常(상)現(현)

在(재)前(전)善(선)男(남)子(자)我(아)已(이)成(성)就(취)菩(보)薩(살)

解(해)脫(탈)名(명)爲(위)雲(운)網(망)善(선)財(재)言(언)聖(성)者(자)

雲(운)網(망)解(해)脫(탈)境(경)界(계)云(운)何(하)爾(이)時(시)大(대)

天(천)於(어)善(선)財(재)前(전)示(시)現(현)金(금)聚(취)銀(은)聚(취)

瑠(유)璃(리)聚(취)玻(파)瓈(려)聚(취)硨(자)磲(거)聚(취)瑪(마)瑙(노)

聚(취)大(대)焰(염)寶(보)聚(취)離(이)垢(구)藏(장)寶(보)聚(취)大(대)

光明寶聚普現十方寶聚寶
광명보취보현시방보취보

冠聚寶印聚寶瓔珞聚寶幢
관취보인취보영락취보당

聚寶釧聚寶鎖聚珠網聚種
취보천취보쇄취주망취종

種摩尼寶聚一切莊嚴具聚
종마니보취일체장엄구취

如意摩尼聚皆如大山又復
여의마니취개여대산우부

示現一切華一切鬘一切香
시현일체화일체만일체향

一切燒香一切塗香一切衣
일체소향일체도향일체의

修 수	德 덕	可 가	而 이	現 현	五 오	服 복
學 학	幷 병	取 취	彼 피	無 무	欲 욕	一 일
檀 단	施 시	此 차	大 대	數 수	娛 오	切 체
波 바	一 일	物 물	天 천	百 백	樂 락	幢 당
羅 라	切 체	供 공	告 고	千 천	之 지	幡 번
蜜 밀	攝 섭	養 양	善 선	萬 만	具 구	一 일
能 능	取 취	如 여	財 재	億 억	皆 개	切 체
捨 사	衆 중	來 래	言 언	諸 제	如 여	音 음
難 난	生 생	修 수	善 선	童 동	山 산	樂 악
事 사	令 령	諸 제	男 남	女 녀	積 적	一 일
善 선	其 기	福 복	子 자	衆 중	及 급	切 체

自 자	善 선	長 장	寶 보	是 시	汝 여	男 남
放 방	男 남	善 선	所 소	皆 개	行 행	子 자
逸 일	子 자	法 법	善 선	令 령	施 시	如 여
者 자	若 약	發 발	知 지	以 이	爲 위	我 아
爲 위	有 유	於 어	識 식	此 차	一 일	爲 위
其 기	衆 중	無 무	所 소	善 선	切 체	汝 여
示 시	生 생	上 상	恭 공	根 근	衆 중	示 시
現 현	貪 탐	菩 보	敬 경	熏 훈	生 생	現 현
不 부	着 착	提 리	供 공	習 습	悉 실	此 차
淨 정	五 오	之 지	養 양	於 어	亦 역	物 물
境 경	欲 욕	意 의	增 증	三 삼	如 여	教 교

其 기	示 시	結 결	驚 경	羅 나	競 경	界 계
見 견	現 현	若 약	恐 공	刹 찰	者 자	若 약
已 이	王 왕	有 유	惶 황	等 등	爲 위	有 유
心 심	賊 적	衆 중	懼 구	飮 음	其 기	衆 중
生 생	水 수	生 생	心 심	血 혈	示 시	生 생
惶 황	火 화	惛 혼	意 의	噉 담	現 현	瞋 진
怖 포	及 급	沈 침	調 조	肉 육	極 극	恚 에
知 지	諸 제	懶 란	柔 유	令 령	可 가	憍 교
有 유	重 중	惰 타	捨 사	其 기	怖 포	慢 만
憂 우	疾 질	爲 위	離 리	見 견	形 형	多 다
苦 고	令 령	其 기	寃 원	已 이	如 여	諍 쟁

而(이)自(자)勉(면)策(책)以(이)如(여)是(시)等(등)種(종)種(종)方(방)

便(편)令(령)捨(사)一(일)切(체)諸(제)不(불)善(선)行(행)修(수)行(행)

善(선)法(법)令(령)除(제)一(일)切(체)波(바)羅(라)蜜(밀)障(장)具(구)

波(바)羅(라)蜜(밀)令(령)超(초)一(일)切(체)障(장)礙(애)險(험)道(도)

到(도)無(무)障(장)處(처)善(선)男(남)子(자)我(아)唯(유)知(지)此(차)

雲(운)網(망)解(해)脫(탈)如(여)諸(제)菩(보)薩(살)摩(마)訶(하)薩(살)

猶(유)如(여)帝(제)釋(석)而(이)能(능)摧(최)伏(복)一(일)切(체)煩(번)

我 아	金 금	倒 도	諸 제	如 여	消 소	惱 뇌
見 견	剛 강	一 일	愛 애	猛 맹	滅 멸	阿 아
山 산	悉 실	切 체	欲 욕	火 화	一 일	脩 수
而 이	能 능	衆 중	水 수	普 보	切 체	羅 라
我 아	摧 최	生 생	猶 유	能 능	衆 중	軍 군
云 운	破 파	諸 제	如 여	乾 건	生 생	猶 유
何 하	一 일	見 견	大 대	竭 갈	諸 제	如 여
能 능	切 체	取 취	風 풍	一 일	煩 번	大 대
知 지	衆 중	幢 당	普 보	切 체	惱 뇌	水 수
能 능	生 생	猶 유	能 능	衆 중	火 화	普 보
說 설	諸 제	如 여	吹 취	生 생	猶 유	能 능

彼功德行善男子此閻浮提
피공덕행선남자차염부제
摩竭提國菩提場中有主地
마갈제국보리장중유주지
神其名安住汝詣彼問菩薩
신기명안주여예피문보살
云何學菩薩行修菩薩道時
운하학보살행수보살도시
善財童子禮大天足遶無數
선재동자예대천족요무수
匝辭退而去
잡사퇴이거
爾時善財童子漸次遊行
이시선재동자점차유행

趣(취)摩(마)竭(갈)提(제)國(국)菩(보)提(리)場(장)內(내)安(안)住(주)
神(신)所(소)百(백)萬(만)地(지)神(신)同(동)在(재)其(기)中(중)更(갱)
相(상)謂(위)言(언)此(차)來(래)童(동)子(자)卽(즉)是(시)佛(불)藏(장)
必(필)當(당)普(보)爲(위)一(일)切(체)衆(중)生(생)作(작)所(소)依(의)
處(처)必(필)當(당)普(보)壞(괴)一(일)切(체)衆(중)生(생)無(무)明(명)
毁(훼)藏(장)此(차)人(인)已(이)生(생)法(법)王(왕)種(종)中(중)當(당)
以(이)離(이)垢(구)無(무)礙(애)法(법)繒(증)而(이)冠(관)其(기)首(수)

사경의 공덕은 십만억 부처님께 공양한 것과 같은 공덕이 있습니다.

當開智慧大珍寶藏摧伏一
당개지혜대진보장최복일

切邪論異道時安住等百萬
체사론이도시안주등백만

地神放大光明徧照三千大
지신방대광명변조삼천대

天世界普令大地同時震吼
천세계보령대지동시진후

種種寶物處處莊嚴影潔光
종종보물처처장엄영결광

流遮相鑒徹一切樹葉俱時
류체상감철일체수엽구시

生長一切華樹咸共開敷一
생장일체화수함공개부일

사경의 공덕은 십만억 부처님께 공양한 것과 같은 공덕이 있습니다.

喜 희	牛 우	時 시	吹 취	滿 만	遮 체	切 체
踊 용	王 왕	俱 구	華 화	雨 우	相 상	果 과
躍 약	象 상	奏 주	普 보	細 세	灌 관	樹 수
哮 효	王 왕	天 천	散 산	香 향	注 주	靡 미
吼 후	師 사	莊 장	其 기	雨 우	一 일	不 불
猶 유	子 자	嚴 엄	上 상	徧 변	切 체	成 성
如 여	王 왕	具 구	無 무	灑 쇄	池 지	熟 숙
大 대	等 등	咸 함	數 수	其 기	沼 소	一 일
山 산	皆 개	出 출	音 음	地 지	悉 실	切 체
相 상	生 생	美 미	樂 악	風 풍	皆 개	河 하
擊 격	歡 환	音 음	一 일	來 래	盈 영	流 류

사경의 공덕은 십만억 부처님께 공양한 것과 같은 공덕이 있습니다.

出출 聲성 百백 千천 伏복 藏장 自자 然연 涌용 現현 時시
安안 住주 地지 神신 告고 善선 財재 言언 善선 來래 童동
子자 汝여 於어 此차 地지 曾증 種종 善선 根근 我아 爲위
汝여 現현 汝여 欲욕 見견 不부 爾이 時시 善선 財재 禮예
地지 神신 足족 遶요 無무 數수 匝잡 合합 掌장 而이 立립
白백 言언 聖성 者자 唯유 然연 欲욕 見견 時시 安안 住주
地지 神신 以이 足족 按안 地지 百백 千천 億억 阿아 僧승

사경의 공덕은 십만억 부처님께 공양한 것과 같은 공덕이 있습니다.

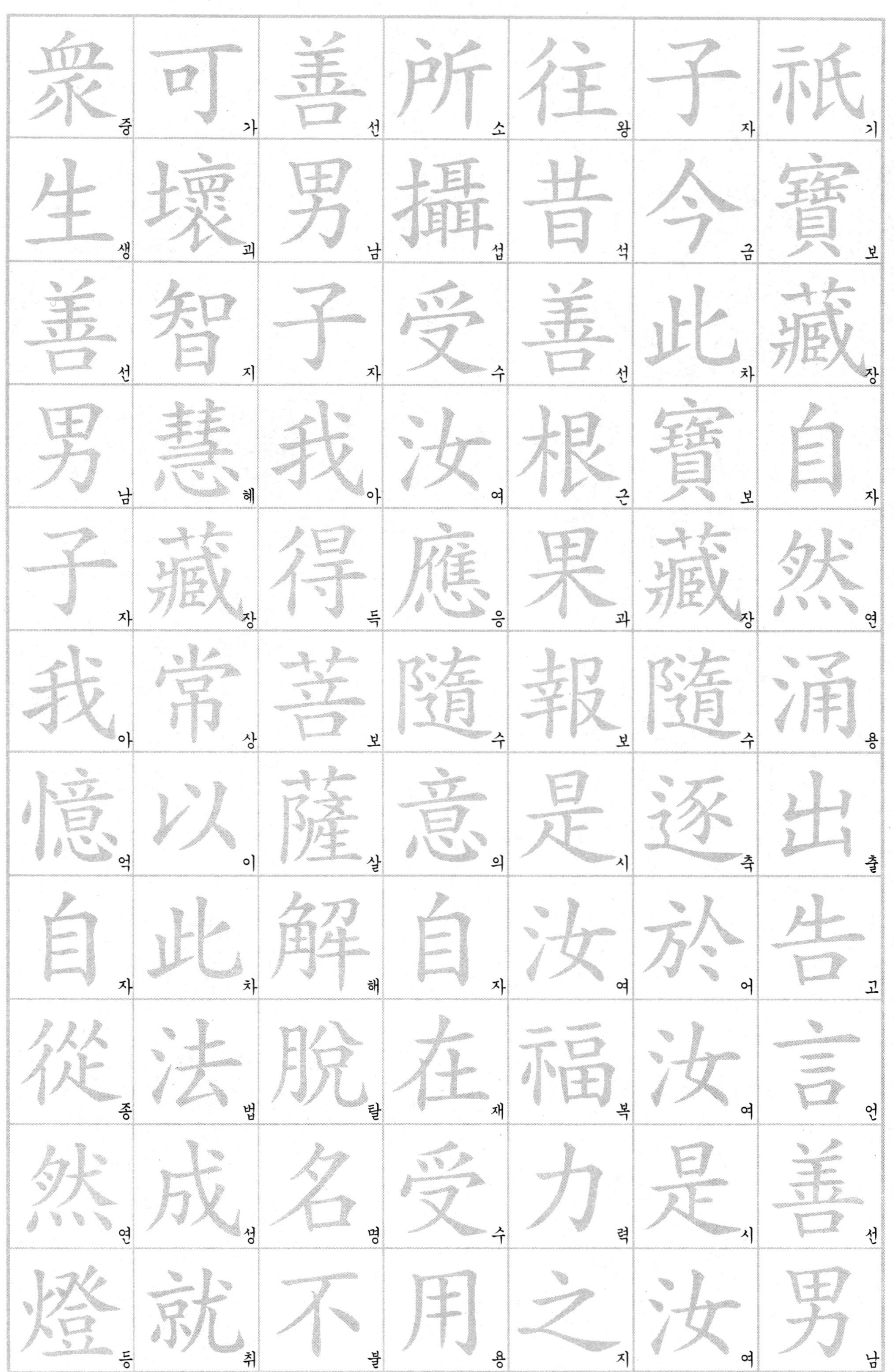
祇寶藏自然涌出告言善男
기보장자연용출고언선남
子今此寶藏隨逐於汝是汝
자금차보장수축어여시여
往昔善根果報是汝福力之
왕석선근과보시여복력지
所攝受汝應隨意自在受用
소섭수여응수의자재수용
善男子我得菩薩解脫名不
선남자아득보살해탈명불
可壞智慧藏常以此法成就
가괴지혜장상이차법성취
衆生善男子我憶自從然燈
중생선남자아억자종연등

佛불 來래 常상 隨수 菩보 薩살 恭공 敬경 守수 護호 觀관

察찰 菩보 薩살 所소 有유 心심 行행 智지 慧혜 境경 界계

一일 切체 誓서 願원 諸제 清청 淨정 行행 一일 切체 三삼

昧매 廣광 大대 神신 通통 大대 自자 在재 力력 無무 能능

壞괴 法법 徧변 往왕 一일 切체 諸제 佛불 國국 土토 普보

受수 一일 切체 諸제 如여 來래 記기 轉전 於어 一일 切체

諸제 佛불 法법 輪륜 廣광 說설 一일 切체 修수 多다 羅라

門(문)大(대)法(법)光(광)明(명)普(보)皆(개)照(조)耀(요)教(교)化(화)

調(조)伏(복)一(일)切(체)衆(중)生(생)示(시)現(현)一(일)切(체)諸(제)

佛(불)神(신)變(변)我(아)皆(개)能(능)領(령)受(수)皆(개)能(능)憶(억)

持(지)善(선)男(남)子(자)乃(내)往(왕)古(고)世(세)過(과)須(수)彌(미)

山(산)微(미)塵(진)數(수)劫(겁)有(유)劫(겁)名(명)莊(장)嚴(엄)世(세)

界(계)名(명)月(월)幢(당)佛(불)號(호)妙(묘)眼(안)於(어)彼(피)佛(불)

所(소)得(득)此(차)法(법)門(문)善(선)男(남)子(자)我(아)於(어)此(차)

大 대	供 공	來 래	可 가	乃 내	見 견	法 법
神 신	養 양	應 응	說 설	至 지	諸 제	門 문
力 력	亦 역	正 정	不 불	賢 현	佛 불	若 약
亦 역	見 견	等 등	可 가	劫 겁	未 미	入 입
見 견	彼 피	覺 각	說 설	於 어	曾 증	若 약
彼 피	佛 불	悉 실	佛 불	其 기	捨 사	出 출
佛 불	詣 예	皆 개	刹 찰	中 중	離 리	修 수
所 소	菩 보	承 승	微 미	間 간	始 시	習 습
有 유	提 리	事 사	塵 진	值 치	從 종	增 증
一 일	座 좌	恭 공	數 수	遇 우	初 초	長 장
切 체	現 현	敬 경	如 여	不 불	得 득	常 상

功공德덕善선根근善선男남子자我아唯유知지此차

不불可가壞괴智지慧혜藏장法법門문如여諸제菩보

薩살摩마訶가薩살常상隨수諸제佛불能능持지一일

切체諸제佛불所소說설入입一일切체佛불甚심深심

智지慧혜念념念념充충徧편一일切체法법界계等등

如여來래身신生생諸제佛불心심具구諸제佛불法법

作작諸제佛불事사而이我아云운何하能능知지能능

사경의 공덕은 십만억 부처님께 공양한 것과 같은 공덕이 있습니다.

說彼功德行善男子此閻浮
설피공덕행선남자차염부

提摩竭提國迦毗羅城有主
제마갈제국가비라성유주

夜神名婆珊婆演底汝詣彼
야신명바산바연저여예피

問菩薩云何學菩薩行修菩
문보살운하학보살행수보

薩道時善財童子禮地神足
살도시선재동자예지신족

遶無數匝慇勤瞻仰辭退而
요무수잡은근첨앙사퇴이

去
거

爾이 時시 善선 財재 童동 子자 一일 心심 思사 惟유
安안 住주 神신 教교 憶억 持지 菩보 薩살 不불 可가 沮저
壞괴 智지 藏장 解해 脫탈 修수 其기 三삼 昧매 學학 其기
軌궤 則칙 觀관 其기 遊유 戲희 入입 其기 微미 妙묘 得득
其기 智지 慧혜 達달 其기 平평 等등 知지 其기 無무 邊변
測측 其기 甚심 深심 漸점 次차 遊유 行행 至지 於어 彼피
城성 從종 東동 門문 入입 佇저 立립 未미 久구 便편 見견

日沒心念隨順諸菩薩教渴
仰欲見彼主夜神於善知識
生如來想復作是念由善知
識得周徧眼普能明見十方
境界由善知識得廣大解普
能了達一切所緣由善知識
得三昧眼普觀察一切法

사경의 공덕은 십만억 부처님께 공양한 것과 같은 공덕이 있습니다.

門문 由유 善선 知지 識식 得득 智지 慧혜 眼안 普보 能능
明명 照조 十십 方방 刹찰 海해 作작 是시 念념 時시 見견
彼피 夜야 神신 於어 虛허 空공 中중 處처 寶보 樓누 閣각
香향 蓮연 華화 藏장 師사 子자 之지 座좌 身신 眞진 金금
色색 目목 髮발 紺감 靑청 形형 貌모 端단 嚴엄 見견 者자
歡환 喜희 衆중 寶보 瓔영 珞락 以이 爲위 嚴엄 飾식 身신
服복 朱주 衣의 首수 戴대 梵범 冠관 一일 切체 星성 宿수

사경의 공덕은 십만억 부처님께 공양한 것과 같은 공덕이 있습니다.

孔 공	行 행	或 혹	諸 제	衆 중	孔 공	炳 병
中 중	一 일	有 유	衆 중	生 생	皆 개	然 연
示 시	切 체	趣 취	生 생	令 령	現 현	在 재
現 현	智 지	向 향	或 혹	其 기	化 화	體 체
種 종	道 도	二 이	生 생	免 면	度 도	於 어
種 종	又 우	乘 승	人 인	離 리	無 무	其 기
教 교	彼 피	菩 보	中 중	險 험	量 량	身 신
化 화	一 일	提 리	或 혹	難 난	無 무	上 상
方 방	一 일	或 혹	生 생	之 지	數 수	一 일
便 편	諸 제	有 유	天 천	像 상	惡 악	一 일
或 혹	毛 모	修 수	上 상	是 시	道 도	毛 모

사경의 공덕은 십만억 부처님께 공양한 것과 같은 공덕이 있습니다.

種 종	頻 빈	薩 살	勇 용	道 도	聲 성	爲 위
成 성	申 신	住 주	猛 맹	或 혹	聞 문	現 현
熟 숙	菩 보	處 처	菩 보	爲 위	乘 승	身 신
衆 중	薩 살	菩 보	薩 살	示 시	道 도	或 혹
生 생	解 해	薩 살	三 삼	現 현	或 혹	爲 위
善 선	脫 탈	觀 관	昧 매	諸 제	爲 위	說 설
財 재	遊 유	察 찰	菩 보	菩 보	示 시	法 법
童 동	戲 희	菩 보	薩 살	薩 살	現 현	或 혹
子 자	如 여	薩 살	自 자	行 행	獨 독	爲 위
見 견	是 시	師 사	在 재	菩 보	覺 각	示 시
聞 문	種 종	子 자	菩 보	薩 살	乘 승	現 현

사경의 공덕은 십만억 부처님께 공양한 것과 같은 공덕이 있습니다.

此차 已이 心심 大대 歡환 喜희 以이 身신 投투 地지 禮예

夜야 神신 足족 遶요 無무 數수 匝잡 於어 前전 合합 掌장

而이 作작 是시 言언 聖성 者자 我아 已이 先선 發발 阿아

耨녹 多다 羅라 三삼 藐약 三삼 菩보 提리 心심 我아 心심

冀기 望망 依의 善선 知지 識식 護호 諸제 如여 來래 功공

德덕 法법 藏장 唯유 願원 示시 我아 一일 切체 智지 道도

我아 行행 於어 中중 至지 十십 力력 地지 時시 彼피 夜야

사경의 공덕은 십만억 부처님께 공양한 것과 같은 공덕이 있습니다.

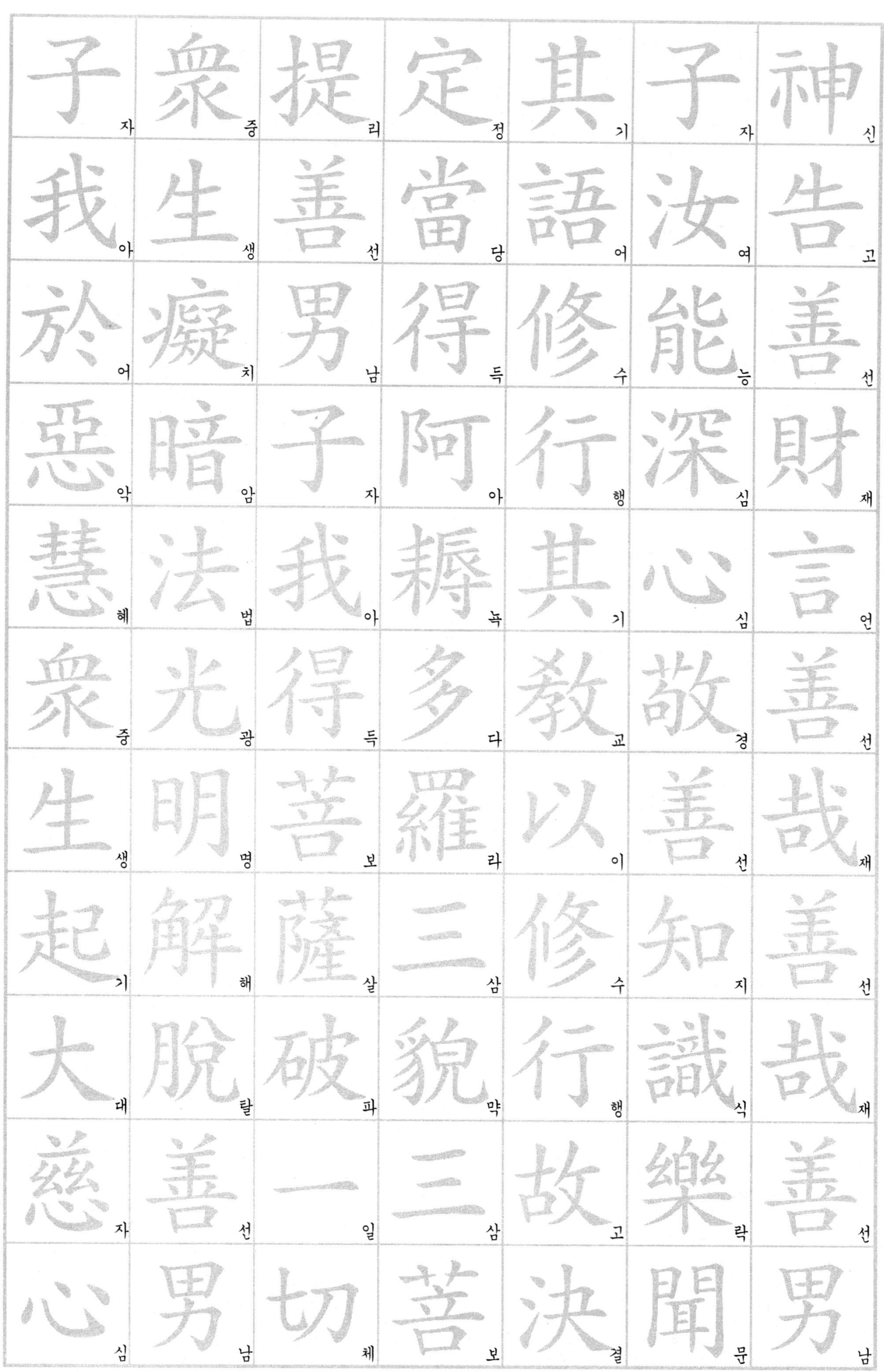
神告善財言善哉善哉善男
신고선재언선재선재선남
子汝能深心敬善知識樂聞
자여능심심경선지식락문
其語修行其教以修行故決
기어수행기교이수행고결
定當得阿耨多羅三藐三菩
정당득아뇩다라삼먁삼보
提善男子我得菩薩破一切
리선남자아득보살파일체
衆生癡暗法光明解脫善男
중생치암법광명해탈선남
子我於惡慧衆生起大慈心
자아어악혜중생기대자심

於不善業衆生起大悲心於
어불선업중생기대비심어

作善業衆生起於喜心於善
작선업중생기어희심어선

惡二行衆生起不二心於雜
악이행중생기불이심어잡

染衆生起令生清淨心於邪
염중생기령생청정심어사

道衆生起令生正行心於劣
도중생기령생정행심어열

解衆生起令興大解心於樂
해중생기령흥대해심어락

生死衆生起令捨輪轉心於
생사중생기령사륜전심어

사경의 공덕은 십만억 부처님께 공양한 것과 같은 공덕이 있습니다.

住(주)二(이)乘(승)道(도)衆(중)生(생)起(기)令(령)住(주)一(일)切(체)
智(지)心(심)善(선)男(남)子(자)我(아)以(이)得(득)此(차)解(해)脫(탈)
故(고)常(상)與(여)如(여)是(시)心(심)共(공)相(상)應(응)善(선)男(남)
子(자)我(아)於(어)夜(야)闇(암)人(인)靜(정)鬼(귀)神(신)盜(도)賊(적)
諸(제)惡(악)衆(중)生(생)所(소)遊(유)行(행)時(시)密(밀)雲(운)重(중)
霧(무)惡(악)風(풍)暴(폭)雨(우)日(일)月(월)星(성)宿(수)並(병)皆(개)
昏(혼)蔽(폐)不(불)見(견)色(색)時(시)見(견)諸(제)衆(중)生(생)若(약)

入於海若行於陸山林曠野
입어해약행어륙산림광야

諸險難處或遭盜賊或乏資
제험난처혹조도적혹핍자

糧或迷惑方隅或忘失道路
량혹미혹방우혹망실도로

慞惶憂怖不能自出我時卽
장황우포불능자출아시즉

以種種方便而救濟之爲海
이종종방편이구제지위해

難者示作船師魚王馬王王龜
난자시작선사어왕마왕왕구

王象王阿修羅王及以海神
왕상왕아수라왕급이해신

日 일	生 생	一 일	此 차	怖 포	浪 랑	爲 위
月 월	於 어	切 체	善 선	畏 외	引 인	彼 피
及 급	夜 야	諸 제	根 근	悉 실	其 기	衆 중
諸 제	暗 암	苦 고	迴 회	得 득	道 도	生 생
星 성	中 중	爲 위	施 시	安 안	路 로	止 지
宿 숙	遭 조	在 재	衆 중	隱 은	示 시	惡 악
晨 신	恐 공	陸 육	生 생	復 부	其 기	風 풍
霞 하	怖 포	地 지	願 원	作 작	洲 주	雨 우
夕 석	者 자	一 일	令 령	是 시	岸 안	息 식
電 전	現 현	切 체	捨 사	念 념	令 령	大 대
種 종	作 작	衆 중	離 리	以 이	免 면	波 파

種종 光광 明명 或혹 作작 屋옥 宅택 或혹 爲위 人인 衆중
令령 其기 得득 免면 恐공 怖포 之지 厄액 復부 作작 是시
念념 以이 此차 善선 根근 迴회 施시 衆중 生생 悉실 令령
除제 滅멸 諸제 煩번 惱뇌 暗암 一일 切체 衆중 生생 有유
惜석 壽수 命명 有유 愛애 名명 聞문 有유 貪탐 財재 寶보
有유 重중 官관 位위 有유 着착 男남 女녀 有유 戀연 妻처
妾첩 未미 稱칭 所소 求구 多다 生생 憂우 怖포 我아 皆개

사경의 공덕은 십만억 부처님께 공양한 것과 같은 공덕이 있습니다.

稠 조	其 기	泉 천	藥 약	爲 위	留 류	救 구
林 림	免 면	井 정	舒 서	作 작	難 난	濟 제
險 험	離 리	示 시	光 광	好 호	者 자	令 령
道 도	一 일	正 정	照 조	鳥 조	爲 위	其 기
藤 등	切 체	直 직	耀 요	發 발	作 작	離 이
蘿 라	憂 우	道 도	示 시	音 음	善 선	苦 고
所 소	厄 액	示 시	其 기	慰 위	神 신	爲 위
羂 견	爲 위	平 평	果 과	悅 열	現 현	行 행
雲 운	行 행	坦 탄	樹 수	爲 위	形 형	山 산
霧 무	曠 광	地 지	示 시	作 작	親 친	險 험
所 소	野 야	令 령	其 기	靈 영	近 근	而 이

憂 우	男 남	正 정	野 야	伐 벌	出 출	暗 암
苦 고	子 자	道 도	滅 멸	見 견	離 리	而 이
者 자	若 약	到 도	煩 번	稠 조	作 작	恐 공
我 아	有 유	無 무	惱 뇌	林 림	是 시	怖 포
以 이	衆 중	畏 외	暗 암	截 절	念 념	者 자
方 방	生 생	處 처	入 입	愛 애	言 언	示 시
便 편	樂 락	畢 필	一 일	羅 라	願 원	其 기
令 령	着 착	竟 경	切 체	網 망	一 일	正 정
生 생	國 국	安 안	智 지	出 출	切 체	道 도
厭 염	土 토	樂 락	平 평	生 생	衆 중	令 령
離 리	而 이	善 선	坦 탄	死 사	生 생	得 득

作작 是시 念념 言언 願원 一일 切체 衆중 生생 不불 着착

諸제 蘊온 住주 一일 切체 佛불 薩살 婆바 若야 境경 善선

男남 子자 若약 有유 衆중 生생 樂락 着착 聚취 落락 貪탐

愛애 宅택 舍사 常상 處처 黑흑 暗암 受수 諸제 苦고 者자

我아 爲위 說설 法법 令령 生생 厭염 離리 令령 法법 滿만

足족 令령 依의 法법 住주 作작 是시 念념 言언 願원 一일

切체 衆중 生생 悉실 不불 貪탐 樂락 六육 處처 聚취 落락

사경의 공덕은 십만억 부처님께 공양한 것과 같은 공덕이 있습니다.

便 편	其 기	平 평	坦 탄	生 생	住 주	速 속
舒 서	心 심	坦 탄	潞 로	行 행	一 일	得 득
光 광	迷 미	想 상	生 생	暗 암	切 체	出 출
照 조	惑 혹	以 이	險 험	夜 야	智 지	離 리
及 급	生 생	高 고	難 난	中 중	城 성	生 생
若 약	大 대	爲 위	想 상	迷 미	善 선	死 사
欲 욕	苦 고	下 하	於 어	惑 혹	男 남	境 경
出 출	惱 뇌	以 이	險 험	十 십	子 자	界 계
者 자	我 아	下 하	難 난	方 방	若 약	究 구
示 시	以 이	爲 위	道 도	於 어	有 유	竟 경
其 기	方 방	高 고	起 기	平 평	衆 중	安 안

悉 실	我 아	城 성	易 이	與 여	度 도	門 문
得 득	於 어	邑 읍	安 안	其 기	溝 구	戶 호
宣 선	此 차	水 수	危 위	船 선	洫 혁	若 약
敘 서	照 조	樹 수	之 지	筏 벌	示 시	欲 욕
願 원	除 제	之 지	處 처	樂 락	其 기	行 행
我 아	夜 야	所 소	欲 욕	觀 관	橋 교	者 자
普 보	暗 암	作 작	休 휴	方 방	梁 량	示 시
於 어	令 령	是 시	息 식	者 자	欲 욕	其 기
一 일	諸 제	念 념	者 자	示 시	涉 섭	道 도
切 체	世 세	言 언	示 시	其 기	河 하	路 로
衆 중	事 사	如 여	其 기	險 험	海 해	欲 욕

生(생)生(생)死(사)長(장)夜(야)無(무)明(명)暗(암)處(처)以(이)智(지)
慧(혜)光(광)普(보)皆(개)照(조)了(료)是(시)諸(제)衆(중)生(생)無(무)
有(유)智(지)眼(안)想(상)心(심)見(견)倒(도)之(지)所(소)覆(복)翳(예)
無(무)常(상)常(상)想(상)無(무)樂(락)樂(락)想(상)無(무)我(아)我(아)
想(상)不(부)淨(정)淨(정)想(상)堅(견)固(고)執(집)着(착)我(아)人(인)
衆(중)生(생)蘊(온)界(계)處(처)法(법)迷(미)惑(혹)因(인)果(과)不(불)
識(식)善(선)惡(악)殺(살)害(해)衆(중)生(생)乃(내)至(지)邪(사)見(견)

不孝父母不敬沙門及婆羅
불효부모불경사문급바라

門不知惡人不識善人貪着
문부지악인불식선인탐착

惡事安住邪法毁謗如來壞
악사안주사법훼방여래괴

正法輪於諸菩薩呰辱傷害
정법륜어제보살자욕상해

輕大乘道斷菩提心於有恩
경대승도단보리심어유은

人反加殺害於無恩處常懷
인반가살해어무은처상회

怨結毁謗賢聖親近惡伴盜
원결훼방현성친근악반도

사경의 공덕은 십만억 부처님께 공양한 것과 같은 공덕이 있습니다.

示 시	力 력	心 심	疾 질	明 명	三 삼	塔 탑
諸 제	道 도	旣 기	發 발	破 파	惡 악	寺 사
佛 불	亦 역	發 발	阿 아	彼 피	道 도	物 물
一 일	示 시	心 심	耨 녹	衆 중	處 처	作 작
切 체	如 여	已 이	多 다	生 생	願 원	五 오
智 지	來 래	示 시	羅 라	無 무	我 아	逆 역
城 성	法 법	普 보	三 삼	明 명	速 속	罪 죄
諸 제	王 왕	賢 현	藐 먁	黑 흑	以 이	不 불
佛 불	境 경	乘 승	三 삼	暗 암	大 대	久 구
所 소	界 계	開 개	菩 보	令 령	智 지	當 당
行 행	亦 역	十 십	提 리	其 기	光 광	墮 타

諸佛自在諸佛成就諸佛總
제불자재제불성취제불총

持一切諸佛共同一身一切
지일체제불공동일신일체

諸佛平等之處令其安住善
제불평등지처령기안주선

男子一切衆生或病所纏或
남자일체중생혹병소전혹

老所侵或苦貧窮或遭禍難
노소침혹고빈궁혹조화난

或犯王法臨當彼刑無所依
혹범왕법임당피형무소의

怙生大怖畏我皆救濟使得
호생대포외아개구제사득

사경의 공덕은 십만억 부처님께 공양한 것과 같은 공덕이 있습니다.

安隱復作是念願我以法普
안은부작시념원아이법보

攝衆生令其解脫一切煩惱
섭중생령기해탈일체번뇌

生老病死憂悲苦患近善知
생로병사우비고환근선지

識常行法施勤行善業速得
식상행법시근행선업속득

如來清淨法身住於究竟無
여래청정법신주어구경무

變易處善男子一切衆生入
변이처선남자일체중생입

見稠林住於邪道於諸境界
견조림주어사도어제경계

사경의 공덕은 십만억 부처님께 공양한 것과 같은 공덕이 있습니다.

起邪分別常行不善身語意
기사분별상행불선신어의

業妄作種種諸邪苦行於非
업망작종종제사고행어비

正覺生正覺想於正覺所非
정각생정각상어정각소비

正覺想爲惡知識之所攝受
정각상위악지식지소섭수

以起惡見將墮惡道我以種
이기악견장타악도아이종

種諸方便門而爲救護令住
종제방편문이위구호령주

正見生人天中復作是念如
정견생인천중부작시념여

我救此將墜惡道諸衆生等 (아구차장추악도제중생등)
願我普救一切衆生悉令解 (원아보구일체중생실령해)
脫一切諸苦住波羅蜜出世 (탈일체제고주바라밀출세)
聖道於一切智得不退轉具 (성도어일체지득불퇴전구)
普賢願近一切智而不捨離 (보현원근일체지이불사리)
諸菩薩行常勤教化一切衆 (제보살행상근교화일체중)
生 (생)

爾時婆珊婆演底主夜神
이시바산바연저주야신

欲重宣此解脫義承佛神力
욕중선차해탈의승불신력

觀察十方爲善財童子而說
관찰시방위선재동자이설

頌言
송언

我此解脫門 生淨法光明
아차해탈문 생정법광명

能破愚癡暗 待時而演說
능파우치암 대시이연설

我昔無邊劫 勤行廣大慈
아석무변겁 근행광대자

淨 정	旣 기	令 령	能 능	能 능	寂 적	普 보
修 수	事 사	我 아	生 생	滅 멸	靜 정	覆 복
諸 제	有 유	心 심	世 세	衆 중	大 대	諸 제
佛 불	爲 위	歡 환	間 간	生 생	悲 비	世 세
力 력	患 환	喜 희	樂 락	苦 고	海 해	間 간

汝 여	亦 역	汝 여	亦 역	汝 여	出 출	佛 불
應 응	遠 원	應 응	生 생	應 응	生 생	子 자
入 입	聲 성	入 입	出 출	入 입	三 삼	應 응
此 차	聞 문	此 차	世 세	此 차	世 세	修 수
門 문	果 과	門 문	樂 락	門 문	佛 불	學 학

我目甚淸淨 (아목심청정)
亦見其中佛 (역견기중불)
相好莊嚴身 (상호장엄신)
一一毛孔內 (일일모공내)
見諸群生類 (견제군생류)
輪迴五趣中 (륜회오취중)
我耳甚淸淨 (아이심청정)

普見十方剎 (보견시방찰)
菩提樹下坐 (보제수하좌)
無量衆圍遶 (무량중위요)
種種光明出 (종종광명출)
死此而生彼 (사차이생피)
常受無量苦 (상수무량고)
聽之無不及 (청지무불급)

一切語言海
일체어언해

諸佛轉法輪
제불전법륜

所有諸文字
소유제문자

我鼻甚清淨
아비심청정

一切皆自在
일체개자재

我舌甚廣大
아설심광대

隨應演妙法
수응연묘법

悉聞能憶持
실문능억지

其聲妙無比
기성묘무비

悉皆能憶持
실개능억지

於法無所礙
어법무소애

汝應入此門
여응입차문

淨好能言說
정호능언설

汝應入此門
여응입차문

我身甚清淨 (아신심청정)
隨諸衆生心 (수제중생심)
我心淨無礙 (아심정무애)
普念諸如來 (보념제여래)
了知無量刹 (요지무량찰)
諸根及欲樂 (제근급욕락)
我以大神通 (아이대신통)

三世等如如 (삼세등여여)
一切悉皆現 (일체실개현)
如空咸萬象 (여공함만상)
而亦不分別 (이역불분별)
一切諸心海 (일체제심해)
而亦不分別 (이역불분별)
震動無量刹 (진동무량찰)

其身悉徧往 (기신실변왕)
我福甚廣大 (아복심광대)
供養諸如來 (공양제여래)
我智廣清淨 (아지광청정)
除滅衆生惑 (제멸중생혹)
我知三世佛 (아지삼세불)
亦了彼方便 (역요피방편)

調彼難調衆 (조피난조중)
如空無有盡 (여공무유진)
饒益一切衆 (요익일체중)
了知諸法海 (요지제법해)
汝應入此門 (여응입차문)
及以一切法 (급이일체법)
此門徧無等 (차문편무등)

心 심	汝 여		菩 보	十 십	亦 역	一 일
爲 위	發 발	爾 이	提 제	方 방	見 견	一 일
幾 기	阿 아	時 시	樹 수	刹 찰	彼 피	塵 진
時 시	耨 녹	善 선	下 하	塵 진	諸 제	中 중
耶 야	多 다	財 재	坐 좌	內 내	佛 불	見 견
得 득	羅 라	童 동				
此 차	三 삼	子 자	成 성	悉 실	此 차	三 삼
解 해	藐 먁	白 백	道 도	見 견	是 시	世 세
脫 탈	三 삼	夜 야	演 연	盧 노	普 보	一 일
其 기	菩 보	神 신	妙 묘	舍 사	門 문	切 체
已 이	提 리	言 언	法 법	那 나	力 력	刹 찰

사경의 공덕은 십만억 부처님께 공양한 것과 같은 공덕이 있습니다.

久如乃能如是饒益衆生其
구여내능여시요익중생기

神答言
신답언

善男子乃往古世過如須
선남자내왕고세과여수

彌山微塵數劫有劫名寂靜
미산미진수겁유겁명적정

光世界名出生妙寶有五億
광세계명출생묘보유오억

佛於中出現彼世界中有四
불어중출현피세계중유사

天下名寶月燈光有城名蓮
천하명보월등광유성명연

華光王名善法度以法施化
화광왕명선법도이법시화

成就七寶王四天下王有夫
성취칠보왕사천하왕유부

人名法慧月夜久眠寐時彼
인명법혜월야구면매시피

城東有一大林名爲寂住林
성동유일대림명위적주임

中有一大菩提樹名一切光
중유일대보리수명일체광

摩尼王莊嚴身出生一切佛
마니왕장엄신출생일체불

神力光明
신력광명

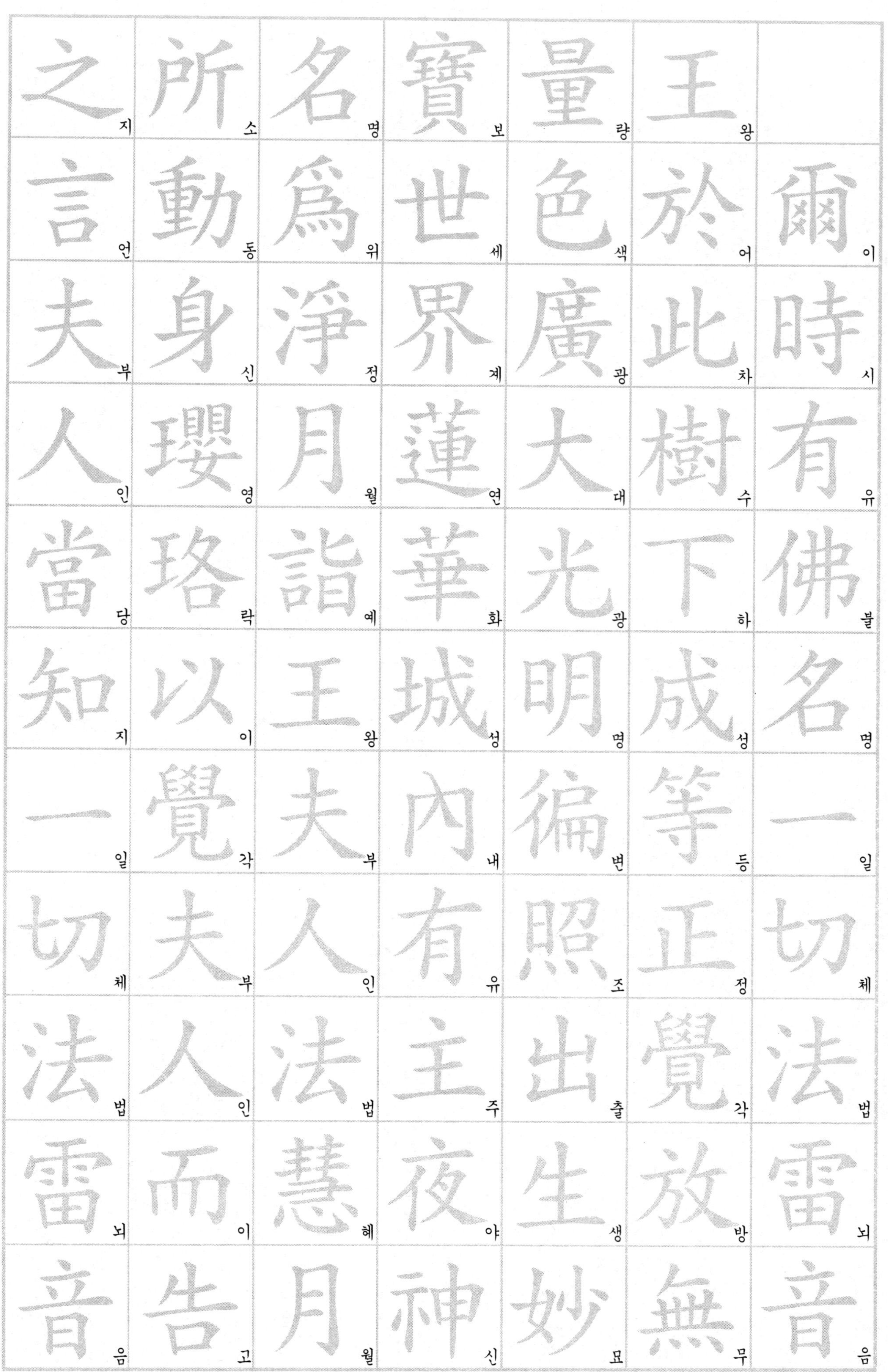
爾이時시有유佛불名명一일切체法법雷뇌音음
王왕於어此차樹수下하成성等등正정覺각放방無무
量량色색廣광大대光광明명徧변照조出출生생妙묘
寶보世세界계蓮연華화城성內내有유主주夜야神신
名명爲위淨정月월詣예王왕夫부人인法법慧혜月월
所소動동身신瓔영珞락以이覺각夫부人인而이告고
之지言언夫부人인當당知지一일切체法법雷뇌音음

사경의 공덕은 십만억 부처님께 공양한 것과 같은 공덕이 있습니다.

王(왕)如(여)來(래)於(어)寂(적)住(주)林(림)成(성)無(무)上(상)覺(각)
及(급)廣(광)爲(위)說(설)諸(제)佛(불)功(공)德(덕)自(자)在(재)神(신)
力(력)普(보)賢(현)菩(보)薩(살)所(소)有(유)行(행)願(원)令(령)王(왕)
夫(부)人(인)發(발)阿(아)耨(뇩)多(다)羅(라)三(삼)藐(먁)三(삼)菩(보)
提(리)意(의)供(공)養(양)彼(피)佛(불)及(급)諸(제)菩(보)薩(살)聲(성)
聞(문)僧(승)衆(중)善(선)男(남)子(자)時(시)王(왕)夫(부)人(인)法(법)
慧(혜)月(월)者(자)豈(기)異(이)人(인)乎(호)我(아)身(신)是(시)也(야)

사경의 공덕은 십만억 부처님께 공양한 것과 같은 공덕이 있습니다.

我於彼佛所發菩提心種善
아어피불소발보리심종선

根故於須彌山微塵數劫不
근고어수미산미진수겁불

生地獄餓鬼畜生諸惡趣中
생지옥아귀축생제악취중

亦不生於下賤之家諸根具
역불생어하천지가제근구

足無有衆苦於天人中福德
족무유중고어천인중복덕

殊勝不生惡世恒不離佛及
수승불생악세항불리불급

諸菩薩大善知識常於其所
제보살대선지식상어기소

種(종)植(식)善(선)根(근)經(경)八(팔)十(십)須(수)彌(미)山(산)微(미)
塵(진)數(수)劫(겁)常(상)受(수)安(안)樂(락)而(이)未(미)滿(만)足(족)
菩(보)薩(살)諸(제)根(근)過(과)此(차)劫(겁)已(이)復(부)過(과)萬(만)
劫(겁)於(어)賢(현)劫(겁)前(전)有(유)劫(겁)名(명)無(무)憂(우)徧(변)
照(조)世(세)界(계)名(명)離(이)垢(구)妙(묘)光(광)其(기)世(세)界(계)
中(중)淨(정)穢(예)相(상)雜(잡)有(유)五(오)百(백)佛(불)於(어)中(중)
出(출)現(현)其(기)第(제)一(일)佛(불)名(명)須(수)彌(미)幢(당)寂(적)

사경의 공덕은 십만억 부처님께 공양한 것과 같은 공덕이 있습니다.

사경의 공덕은 십만억 부처님께 공양한 것과 같은 공덕이 있습니다.

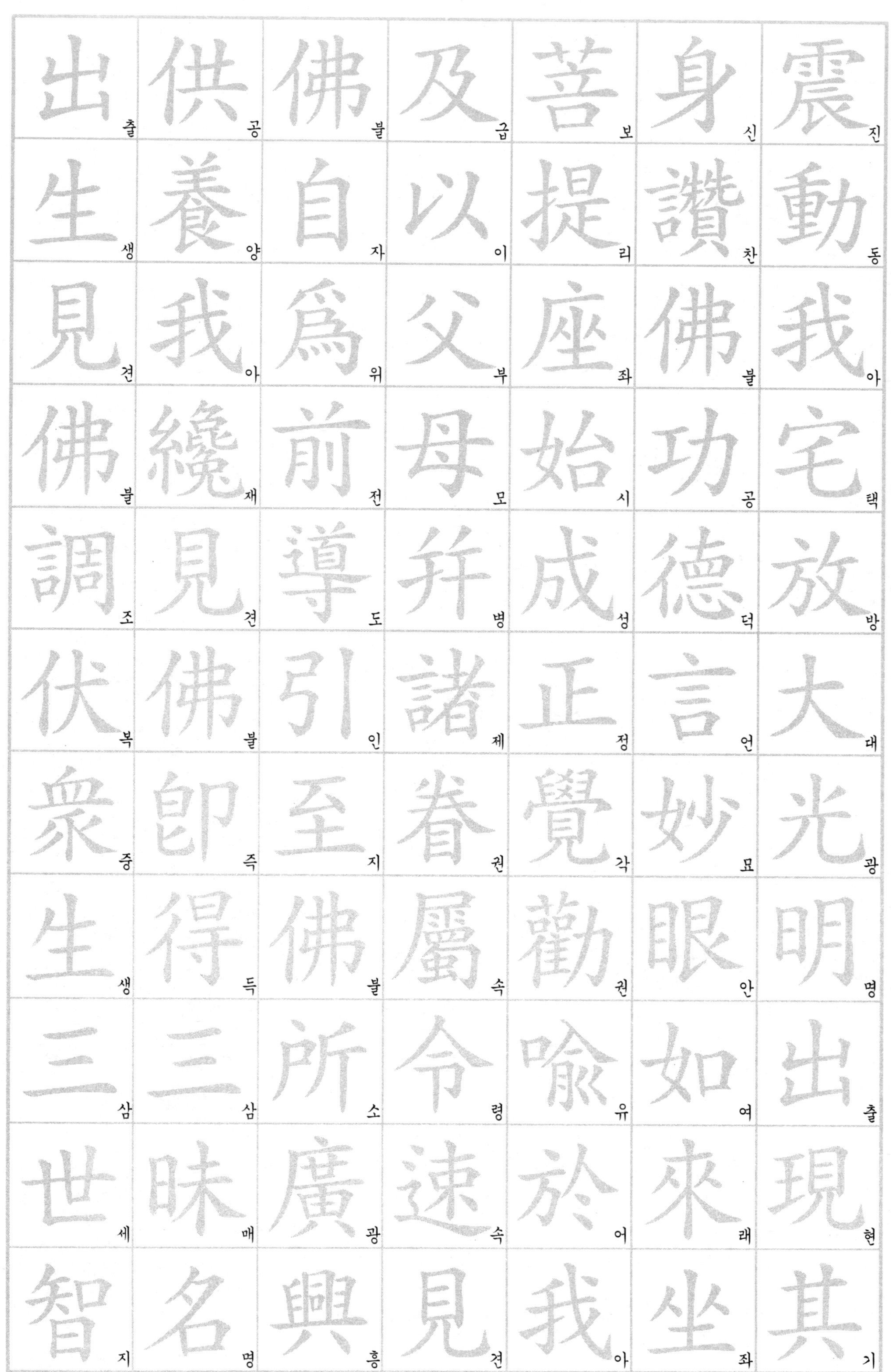

震(진)動(동)我(아)宅(택)放(방)大(대)光(광)明(명)出(출)現(현)其(기)
身(신)讚(찬)佛(불)功(공)德(덕)言(언)妙(묘)眼(안)如(여)來(래)坐(좌)
菩(보)提(리)座(좌)始(시)成(성)正(정)覺(각)勸(권)喻(유)於(어)我(아)
及(급)以(이)父(부)母(모)幷(병)諸(제)眷(권)屬(속)令(령)速(속)見(견)
佛(불)自(자)爲(위)前(전)導(도)引(인)至(지)佛(불)所(소)廣(광)興(흥)
供(공)養(양)我(아)纔(재)見(견)佛(불)即(즉)得(득)三(삼)昧(매)名(명)
出(출)生(생)見(견)佛(불)調(조)伏(복)衆(중)生(생)三(삼)世(세)智(지)

사경의 공덕은 십만억 부처님께 공양한 것과 같은 공덕이 있습니다.

塵 진	脫 탈	衆 중	法 법	諸 제	須 수	光 광
數 수	已 이	生 생	以 이	佛 불	彌 미	明 명
世 세	卽 즉	暗 암	聞 문	出 출	山 산	輪 륜
界 계	見 견	法 법	法 법	現 현	微 미	獲 획
亦 역	其 기	光 광	故 고	於 어	塵 진	此 차
見 견	身 신	明 명	卽 즉	彼 피	數 수	三 삼
彼 피	徧 변	解 해	得 득	佛 불	劫 겁	昧 매
世 세	往 왕	脫 탈	此 차	所 소	亦 역	故 고
界 계	佛 불	得 득	破 파	聽 청	見 견	能 능
所 소	刹 찰	此 차	一 일	聞 문	其 기	憶 억
有 유	微 미	解 해	切 체	妙 묘	中 중	念 념

諸佛又見自身在其佛所亦
제불하견자신재기불소역

見彼世界一切衆生解其言
견피세계일체중생해기언

音識其根性知其往昔曾爲
음식기근성지기왕석증위

善友之所攝受隨其所樂而
선우지소섭수수기소락이

爲現身令生歡喜我時於彼
위현신령생환희아시어피

所得解脫念念增長此心無
소득해탈념념증장차심무

間又見自身徧往百佛刹微
간우견자신변왕백불찰미

塵數世界此心無間又見自
진수세계차심무간우견자

身徧往千佛刹微塵數世界
신변왕천불찰미진수세계

此心無間又見自身徧往百
차심무간우견자신변왕백

千佛刹微塵數世界如是念
천불찰미진수세계여시념

念乃至不可說不可說佛刹
념내지불가설불가설불찰

微塵數世界亦見彼世界中
미진수세계역견피세계중

一切如來亦自見身在彼佛
일체여래역자견신재피불

所聽聞妙法受持憶念觀察
소청문묘법수지억념관찰

決了亦知彼佛諸本事海諸
결료역지피불제본사해제

大願海彼諸如來嚴淨佛刹
대원해피제여래엄정불찰

我亦嚴淨亦見彼世界一切
아역엄정역견피세계일체

衆生隨其所應而爲現身教
중생수기소응이위현신교

化調伏此解脫門念念增長
화조복차해탈문념념증장

如是乃至充滿法界善男子
여시내지충만법계선남자

我唯知此菩薩破一切衆生
아유지차보살파일체중생

暗法光明解脫如諸菩薩摩
암법광명해탈여제보살마

訶薩成就普賢無邊行願普
하살성취보현무변행원보

入一切諸法界海得諸菩薩
입일체제법계해득제보살

金剛智幢自在三昧出生大
금강지당자재삼매출생대

願住持佛種於念念中成滿
원주지불종어념념중성만

一切大功德海嚴淨一切廣
일체대공덕해엄정일체광

大世界以自在智教化成熟
대세계이자재지교화성숙

一切衆生以智慧日滅除一
일체중생이지혜일멸제일

切世間暗障以勇猛智覺悟
체세간암장이용맹지각오

一切衆生惛睡以智慧月決
일체중생혼수이지혜월결

了一切衆生疑惑以清淨音
요일체중생의혹이청정음

斷除一切諸有執着於一切
단제일체제유집착어일체

法界一一塵中示現一切自
법계일일진중시현일체자

사경의 공덕은 십만억 부처님께 공양한 것과 같은 공덕이 있습니다.

三 삼	我 아	場 장	子 자	德 덕	而 이	在 재
菩 보	本 본	內 내	此 차	入 입	我 아	神 신
提 리	從 종	有 유	閻 염	其 기	何 하	力 력
心 심	其 기	主 주	浮 부	境 경	能 능	智 지
常 상	發 발	夜 야	提 제	界 계	知 지	眼 안
以 이	阿 아	神 신	摩 마	示 시	其 기	明 명
妙 묘	耨 뇩	名 명	竭 갈	其 기	妙 묘	淨 정
法 법	多 다	普 보	提 제	自 자	行 행	等 등
開 개	羅 라	德 덕	國 국	在 재	說 설	見 견
悟 오	三 삼	淨 정	菩 보	善 선	其 기	三 삼
於 어	藐 먁	光 광	提 리	男 남	功 공	世 세

我汝詣彼問菩薩云何學菩
아여예피문보살운하학보

薩行修菩薩道
살행수보살도

爾時善財童子向婆珊婆
이시선재동자향바산바

演底神而說頌曰
연저신이설송왈

見汝淸淨身
견여청정신

相好超世間
상호초세간

如文殊師利
여문수사리

亦如寶山王
역여보산왕

汝法身淸淨
여법신청정

三世悉平等
삼세실평등

世界悉入中 세계실입중
我觀一切趣 아관일체취
一一毛孔中 일일모공중
汝心極廣大 여심극광대
諸佛悉入中 제불실입중
一一毛孔內 일일모공내
十方諸佛所 시방제불소

成壞無所礙 성괴무소애
悉見汝形像 실견여형상
星月各分布 성월각분포
如空徧十方 여공편시방
清淨無分別 청정무분별
悉放無數光 실방무수광
普雨莊嚴具 보우장엄구

一一毛孔內 (일일모공내)
十方諸國土 (시방제국토)
一一毛孔內 (일일모공내)
隨諸衆生欲 (수제중생욕)
若有諸衆生 (약유제중생)
悉獲功德利 (실획공덕리)
多劫在惡趣 (다겁재악취)

各現無數身 (각현무수신)
方便度衆生 (방편도중생)
示現無量刹 (시현무량찰)
種種令淸淨 (종종령청정)
聞名及見身 (문명급견신)
成就菩提道 (성취보리도)
始得見聞汝 (시득견문여)

사경의 공덕은 십만억 부처님께 공양한 것과 같은 공덕이 있습니다.

亦應歡喜受
역응환희수

千刹微塵劫
천찰미진겁

劫數猶可窮
겁수유가궁

時善財童子
시선재동자

禮其足遶無量
례기족요무량

辭退而去
사퇴이거

以滅煩惱故
이멸번뇌고

歎汝一毛德
탄여일모덕

功德終無盡
공덕종무진

說此頌已
설차송이

匝殷勤瞻仰
잡은근첨앙

發 願 文

귀의 삼보하옵고

거룩하신 부처님께 발원하옵나이다.

주 소 : ____________________

전 화 : ____________________ 불명 : 성명 :

불기 25 ________년 ________월 ________일